AF339706

LE SOCIALISTE RÉFORMATEUR

1894

A. EYCHÊNE

10 centimes.

Imp. ISPA, Rue Duranti 7, Touloue

LE SOCIALISTE

RÉFORMATEUR

1894

A. EYCHÊNE

INTRODUCTION

Bien des gens se demandent avec inquiétude ce que c'est que le socialisme, nos adversaires cherchant par tous les moyens possibles à en faire un épouvantail aux yeux du pays.

Ils ne laissent passer aucune occasion quand il s'en présente, sans lancer contre nous les accusations les plus absurdes, les insinuations les plus malveillantes.

Tout en réfutant nos adversaires, nous allons essayer de décrire aussi succintement que possible comment il faut comprendre le socialisme et les réformes économiques qu'il comporte.

En un mot, le socialisme, c'est l'amélioration du sort des classes laborieuses, et l'avènement d'un régime nouveau.

AMI

Qu'est-ce que le socialisme ?

C'est le gouvernement le meilleur marché : Comment peut-on avoir un gouvernement bon marché.

En séparant les églises de l'Etat, en supprimant la régie, les Octrois,

en réduisant les traitements des gr
fonctionnaires, en supprimant les Sou
Préfectures qui ne sont qu'une cir
quième roue à une voiture, et
véritables sinécures dont la loi Colvafi
votée par le parlement avait fait bonr
justice, mais que le gouvernement n
pas fait exécuter et qu'il a renvoyée au
Calendes grecques.

Que pensez-vous, mes amis, d
respect de nos gouvernants pour le
lois votées par le parlement ?

Ah ! si c'eut été une loi pour l'applica
tion de nouveaux impots, ils ne s
seraient pas fait faute de la faire exé
cuter (payez contribuables).

Mais pour la loi Colfavru qui donnait des économies au pays, qui en supprimant les Sous-Préfectures, supprimait aussi beaucoup de privilèges et d'abus, fi donc ! pour qui nous prenez-vous, toucher aux sinécures de ces Messieurs, mais c'est de la folie ! vite cette loi au panier, qu'il ne s'en parle plus.

Et sous un régime parlementaire cela se fait ainsi, personne n'ose protester. Mais cela ne peut et ne doit pas durer.

Il y a un pouvoir plus supérieur que celui des Ministres et du Président de la République, c'est celui de la souveraineté nationale.

Quand une loi est votée par la
majorité du Parlement, elle exprime
la volonté nationale, c'est-à-dire l'essence
de la souveraineté du peuple.

Or il n'appartient à personne, pas plus
aux Ministres qu'au Président de la
République de se placer au-dessus de ce
pouvoir.

C'est donc ce pouvoir qu'il faut briser
si nous voulons que les lois votées par
le Parlement, soient appliquées, si nous
voulons en un mot des réformes et des
économies.

Peut-on séparer les églises de l'Etat ?
Certainement ; il ne s'agit que d'appliquer
la loi qui gère les autres corporations

ouvrières, c'est-à-dire obliger le clergé à se suffire à lui-même sans que l'Etat le salarie.

Par quoi remplacerez-vous les sommes que la régie rapporte au trésor?

Par une taxe unique sur chaque citoyen. Exemple, on dit que la régie donne par an au trésor un milliard ; nous sommes trente-huit millions de Français, il s'agit donc d'appliquer une taxe de vingt-sept francs par tête ; l'Etat y trouvera un Milliard vingt-six millions.

Cette taxe peut paraître tout d'abord un peu élevée, mais elle sera bientôt rattrapée par les économies que nous ferons sur les marchandises de toute nature, qui exemptes d'impôts se vendront bien meilleúr marché ; la contrebande sera tuée du coup, l'Etat n'aura plus besoin de payer cette armée nombreuse d'employés et retraités ; les mairies seules suffiraient à cette besogne.

La réduction du traitement des gros fonctionnaires, la suppression des Sous-Préfectures, nous permettraient de dégrever peu à peu ces pauvres classes de deshérités, de petit boutiquiers, paysans et ouvriers, pour lesquels on à tant promis, et pour lesquels l'on n'à jamais rien fait.

Quant à l'armée et la marine on ne doit pas y toucher, car j'estime que l'homme qui est appelé à verser son sang sur le champ de bataille n'est jamais trop payé.

Voilà mes amis les réformes auxquelles nous devons tendre ; tout bon socialiste doit employer toute son énergie, son talent auprès de ses camarades pour les faire aboutir, sinon nous serons toujours tondus.

Nous ne devons plus avoir confiance aux hommes des anciens régimes, car ils nous ont toujours trompés. La pleïade d'hommes courageux et de talent qui portent actuellement le drapeau socialiste doivent nous inspirer confiance puisqu'eux seuls défendent nos droits.

Les Goblet, les Jaurès, les Millerand,
les J. Guesde, les Chauvière, les Pelle-
tan et tant d'autres dont le nom
m'échappe seront les promoteurs d'un
ordre de choses nouveau, d'un nouveau
régime.

Voilà pourquoi nous devons seconder
ces vaillants de toute notre énergie, de
toute notre force, d'abord notre intérêt
nous le commande si nous voulons payer
moins cher.

Nos adversaires du reste ne se font
pas d'illusions, ils se rendent bien
compte de notre force et de notre valeur;
ils sentent bien que c'est la dernière par-
tie qui se joue entre la bourgeoisie et le

prolétariat, aussi ne se font-ils pas faute de nous dénigrer et même de nous injurier chaque fois que l'occasion s'en présente.

Dernièrement, le plus habile porte-parole de l'Eglise, M. de Mun, s'écriait dans un discours prononcé au parlement, que c'étaient les idées socialistes qui avait amené l'anarchie ? halte-la ! beau masque, restez ce que vous êtes, des frondeurs, des mécontents, des hommes finis, dont le suffrage universel ne veut plus et non sans raison ; laissez-moi vous dire que le socialisme a amené l'anarchie absolument comme la royauté a amené la République.

L'anarchisme n'existe pas, ce n'est pas un principe, ce n'est pas un idéal politique, ce ne sont pas d'honnétes gens.

Des monstres tels que Ravachol, Vaillant, Emile Henry, ne seront jamais des réformateurs ; nous les répudions avec horreur de notre sein. Que l'on nous laisse donc tranquilles avec ces accusations aussi absurdes que malveillantes ; nous voulons arriver non par le fer et le feu, mais par la persuasion, par la pitié que nous inspire le peuple qui souffre.

On trouvera toujours dans la foule des malheureux, des déclassés, des sans cervelle, des hommes prêts pour cent francs à lancer des bombes dans tous les cafés du monde.

On trouvera des Rhotchils, des Duchésses Duzès, des Jaluzots, des Curés, et tant d'autres dont nous ne connaissons pas les noms prêts à donner ces cent francs.

On trouvera des émissaires comme Tournadre préts à recruter ces malheureux.

Ce que nous voulons, nous socialistes, ce sont des réformes économiques qui allègent les charges des travailleurs des villes et des campagnes sous lesquelles nous succombons, car nous ne travaillons que pour payer l'Etat ; il ne nous reste rien pour élever et assurer l'avenir de nos enfants.

Hélas ! nous avons encore à passer toute cette législature sans espérer la moindre réforme, la moindre économie, le gouvernement bizarre que nous avons, plutôt que de gouverner avec les socialistes préfère s'allier avec les pires ennemis de la République : Cléricaux, Royalistes, Républicains jaunes, forment la majorité de ce soi-disant gouvernement Républicain.

Aussi aurons nous le beau spectacle de voir le char de l'Etat piétiner sur place sous l'influence de l'esprit nouveau, et des fractions multicolores si disparates dont le gouvernement a cru devoir s'appuyer.

Le char de l'Etar tiraillé dans des sens opposés craquera bientôt de toutes parts et sombrera dans l'ornière, à la confusion des gens de l'esprit nouveau et à la grande joie des socialistes et des vrais Républicains.

Ne nous laissons plus duper mes amis par des profession de foi mentenses, ne nous payons plus de mots ; il nous faut des actes ; les candidats qui accepteront le programme socialiste que je viens de développer auront seuls nos suffrages.

Depuis 1870 la démocratie espérait beaucoup des républicains qui sont passés au pouvoir, on se disait enfin (les dynaties étant à terre) qu'on allait travailler pour le bien du peuple. Ah ! bien oui, qu'à-t-on fait ? les impôts n'ont fait que croître et embellir, absolument comme sous une monarchie.

—

Voilà pourquoi nous ne devons plus voter pour cette bourgeoisie en qui nous avons eu confiance, qui n'a rien voulu faire pour nous, et qui au contraire à toujours renvoyé aux Calendes Grecques les réformes et les économies.

Votons donc, mes amis, pour les socialistes et les vrais republicains si nous voulons voir diminuer les impôts qui nous écrasent.

Toulouse, 27 Mai 1894

A. EYCHÊNE

9 7 8 2 0 1 3 1 8 2 7 2 0